JN438372

왼손의 옆방

시와사상 시인선 26

왼손의 엽방

이원도 시집

시와사상사

시인의 말

나는 태어나지 않았다. 수제비는 날아갔고 살구나무에서 물냄새가 피었다.

시간은 처음부터 없었다. 있다면 지금 이 시간도 당신의 시간, 나는 당신에게 편승해 있었고, 있다.

팔백 살 먹은 귀 팔초짜리 눈으로 백지를 황칠한다. 백지야 미안하다.

차 례

제 2 부

차례

제 3 부

제 4 부

제1부

모래인형

사각턱 모래는 마취주사를 맞는다

무너져 내리는 모래의 환영은 나를 낳아 길러준 파도를 떠올리며 깊은 잠에 빠진다
우리 딸 코가 너무 예쁘지,
그때마다 몸매가 팔등신이라며 딸 자랑에 침을 튀기던 아빠,
바다를 한주먹 쥐어준다

가슴을 자가 이식한 파도
브이라인 물기둥
송림에서 잃어버린 별
부어오른 눈두덩과 흙손의 인연
콧날선 해풍은 바스라지게 흘러내리는 차도르 쓴 여자에게 술을 권하자 브래지어로 두 눈을 가리며 수술실 밖으로 달아난다
포클레인에 걸터앉은 파고
구구단을 외우는 해일

말기 암 완쾌 진단서를 받은 길거리 가수의 허스키한 파도가 키우는 바다 손톱.

불꽃축제

이마에 걸터앉은 불빛
아이스크림 먹는 그네 타는 자수정
가상세계의 음해와 실상세계의
판독 불가한 찬사
날개 큰 선풍기는 모함謀陷이다

나르는 지폐의 속도와
앉아 있는 아낙과의 경주
해변도로를 바구니에 주워 담는 남자와
방파제 돌담을 걷어차는 여자의
잔인성을 자천타천 비판한다

모래 위를 달리는 바람과
광활한 바다에
포도를 심는 폭죽 사이에
연민이 있다–면 혼미한 붉은 머리칼은
옥빛 포도밭에서
센서등을 흔들 리 없다
전신주 애자에 묶인
현란했던 과거는

빛나는 귀빈석에서 물어보라

족욕하는 광안대교
혀 빠진 도사견의 후미체위
쌍끌이 저인망에 포획된 일가족
꽁치 떼의 집단탈옥
방탄복 어부의 등을 향해
쏘는 불화살.

상대성원리

불면증 앓던 사과 한 알이
새벽을 일으켜 세운다
지칠 줄 모르는 얼갈이 배추꽃이
박물관 조명을
원주 외각으로 돌려세우는 사이
여자는 낡은 침목 사이로
초침을 밀고 간다
떠밀린 시간은 뒷걸음질 치고
번뇌는 터널에서 옷을 갈아입는다
일란성 쌍둥이를 태운
파도가 지나간다
귀에 꽂은 삼등열차표는
몽돌밭에서 산란을 한다

내 안에 아버지
아버지 안에
할아버지, 할아버지 안에 나
사과가 왼쪽 눈을 깜빡일 때마다
러시아인형은
오른쪽으로 태어난다.

아이오우에

사랑은 놓아다

하루 세 번 자판기를 핥으면서 재활치료를 하지만 병세는 호전되지 않고

궁구하던 검색 페이지는 다운된다

시가지를 휘젔던 멧돼지 한 쌍, 분양받은 구름 위에 집을 짓고 산달을 기다린다

악성코드에 침략당한 요트는 인공섬 가로등 불빛을 한입에 삼켜버린다

맹지를 배회하던 고라니

걸어 잠근 닻줄을 힘없이 놓아버리면 고삐 풀린 구상나무는 물고기를 방생한다

가시 돋친 어둠은 목욕탕 거울 앞에서 발가벗은 입 하나를 얻었다

제3지구 주차단속 견인차에 끌려가는

제2의 자동차에는

마땅히 있어야할 입술은 없고

독감바이러스 창궐하고 있는 도시의 등 뒤로 알 수 없는 함성이 따라온다.

느리게 걷는 달빛

栗島國으로 떠난 동해남부선기차는 영영 회귀하지 않을 기세다 기도하는 갯바위 어깻죽지 위로 갈맷빛 죽비소리 멈추질 않고 물에 잠긴 창밖 어둠은 들리지 않는 바다의 신음을 핥고 있다

퇴역한 역장이 낡은 자전거를 끌고 지나간다

새우깡을 입에 문 제비갈매기가 쿠린 눈물 한 방울 떨어트린다 헛발 디딘 흰 강아지가 암벽 아래로 굴러 떨어진다 한 바퀴 구를 때마다 강아지는 검정색으로 변한다 무녀가 모셔놓은 소금더미에서 박꽃이 핀다

녹슨 고요는 정오의 박쥐다 어둠을 기다리는 고요는 철길에 깔린다 마모된 몽돌은 죽어가는 모든 것들에게 작고 둥근 손을 내민다

파도는 자꾸 나를 굴린다

나는 작아진다

모서리가 없어진다

나는 알 품은 바닷새를 기다리며 청사포에서 동해를 놓아버린다.

바이크 위의 남자

햇살이 인터폰을 누른다 놀란 나는 작은방에서 건넌방으로 마루에서 부엌으로 끝내 창고에 갇힌 청소 끝난 밀대처럼 웅크리고 앉는다 정치판 뉴스는 공동묘지를 세 바퀴 돌아온 밤의 여자를 TV에 가둬놓고 미음을 떠먹인다

내의를 갈아입을 때마다 애완견이 웃는다

목적지 검색을 놓친 내비게이션은 유턴할 때마다 비밀번호를 바꾼다 되돌리기엔 너무 많은 양의 향기를 남발한 매연 때문에 뜨거운 입김을 귓속으로 밀어 넣는다 나는 흐려진 거울을 닦는다 미지의 빙하가 백미러를 따라온다 꼭두서니 빛에 놀란 바퀴살은 익은 햇살을 길 위에 쏟는다.

입과 쓰레기통

입은 흐른다
흐르는 입은 잡식성이다 페달을 밟으면 달의 입꼬리는 귀에 걸린다

소금안주에 생소주를 털어 넣던 여자의 날밤 응어리가 나무젓가락에 말려 쓰레기통으로 들어온다
냉큼 받아들인 입은 간수에 절인 바다
잔술이 말술이 될 때까지 새벽을 제어하는 위액은 없다
소갈머리 없는 달은 바다로 드러눕고
들어온 그 무엇도 둥근 통에서는 그게 그거다

유난히 어두운 밤 속살은 빼먹고 껍데기만 남은 홍개 일곱 마리가
사나운 집게를 앞세우고
야무지게 닫힌 내 입술을 물어뜯었다
악, 하는 순간
달빛은 내 입안에서 산란을 시작했다
악취를 동반한 진통이 그치자
입술에 번진 핏자국이 큰곰자리성좌에서 빛나기

시작했다

성장기를 보낸 입은 걸핏하면 욕설을 토했다.

순환역

한파를 신고 온 깡마른 기적이
모이를 쪼는 노숙자의 부리를
매만지고 있다
지느러미를 곧추세운 물고기는 척추에
숨겨둔 어둠을 깁스한다
시간을 방류한 기차는
숨은 혈관을 향해 더듬이를 찌른다
의문투성이 굉음이 광장
하복부를 굴착하자
이어폰을 벗어던진 건조한 햇살은
아스팔트에서 올라오는 열기를 청취한다
쓰디쓴 하품을 즐기는
탐 앤 탐스 커피매장
목마른 여자와 식탐하는 남자가
커피 잔 빨대를 커플링하자
응고되지 않는 광장은 금이 간다
지금 곧 동사자가 속출할 것 같은데
누구 하나 거들떠보지 않는
비정의 트랙 위에서
백발의 아이가 k-pop을 춘다

정오가 지나도 일어나지 않는
잠꾸러기 광장 눈 내린다.

적조

분노가 조절되지 않는 황톳길이다
부추기면 부추길수록
외곽에서 기회를 엿보는
염탐꾼이다
자동차 손잡이를 잡고 끌려가는
피투성이 엑스트라다
주도권을 움켜쥔 혼란과
시효 소멸된 석고상들의 싸움이다
발목을 감은 확성기 줄을
자근자근 끊어먹는 피타고라스 환부다
급기야 악령은 부풀어 오른다
어둔 터널에는 우윳빛 향기를 담은
맛난 사탕이 녹아내리고
신다 버린 검정 슬리퍼에 핀 신냉이꽃은
멀고 아득한 염전을 가로질러
대각선으로 날아오른다
만리장성을 헐어 주춧돌을 놓는
당신은 위대한 미성이다
공한패션의 턴테이블은
넘을 수 없는 국경이 있다.

협곡에 핀 늑대 울음

붉은 까치는 푸르게 운다
침묵하던 검은 햇살이
목마른 남자의 관자놀이를 통과하자
로프에 핀 에델바이스는
일도양단 외줄을 탄다
공원관리인이 줄자를 들고
이쪽과 저쪽의 간격을 잰다
허기진 짐승들의 체취를 피해
발등에 난 상처를 핥는
숙성한 암벽은 붉은 손이다
나는 근육 안쪽에서 시작한
광활한 회오리바람의 미소를
지울 수 없는 상형문자로 기록한다
왼손잡이 여자들의 오른손이
빙벽을 끌어안고 자폭하는 사이
폭포는 자동화면회전에 걸려
어지럽게 돌아간다
F키의 음역대를 넘나드는 이리 떼가
성대결절 난 외마디울음을
검색창에 띄운다
자판기 커피잔이 쏟아진다.

탈모

기밀을 탐문하는 원형 철조망이다 파고는 낡은 고뇌를 읽는 회색구름을 피워낸다 고삐를 풀어헤치며 황급히 튀어 오른 밥풀로 만든 불가사리 족적은 암갈색 방호벽을 차례로 무너뜨린다

제 이마에 지느러미를 심는 해무의 손놀림은 바쁘다 목젖을 드러내며 포효하는 다시마 등줄에 개똥쑥이 자라고 개구쟁이 몽돌이 돌팔매질한다

송사리 떼는 비듬투성이 바다에 봄을 심는다

원산지를 잃어버린 바코드를 건져 올리며 물살은 쉼 없이 자판기를 두드리지만 지워지지 않는 치어들이 1 · 2 · 3, ㄱ · ㄴ · ㄷ, a · b · c … 광기어린 수신호를 흔들며 무인등대를 숨길 해저기지를 찾는다.

평면

떡잎 한 장 떨어진다
떡잎 한 장 떨어진 자리
떡잎 한 장 남아있다
떡잎 두 장 떨어진다
떡잎 석 장
떡잎 넉 장 바람에 진다
떡잎 다섯 떨어진 자리
떡잎 크기 하늘이
떡잎 다섯만 하다
색 없는 떡잎이 떡잎을
깔고 앉은 자리
나는 없고 내가 있다
떡잎이
떡잎을 밀어낸 자리
떡갈나무 햇순이
허공 가득하다.

화분에 담긴 수목원

나는 부실하다

그러기에 고열로 빚은 화분 하나
사려 간다
오래전부터 나는
내가 아니란 걸 알고 있기에
한 개의 화분이면 족하다
바른대로 말하면 크기가 다른
몇 개의 화분을 고른 적 있었다
그때마다 화분 위에
화분 포개기라는 걸 알기에
빗살무늬 선연한
화분 한 개 고르면 다다

고열에 나를 데워 면역을 키우면
나는 진딧물을 잡아먹는다
등이 가려우면 사막에 기대어
등을 닦는다
나는 가끔 버지니아 울프가
신고 다니던 발목은 버리고 온다

지구는 일곱 바퀴 반을 돌았다
금붕어는 숲으로 날아갔다

나는 숙면에 취해있다.

마령하대협곡

등받이 없는 환승역
승객이 내리기 전에
수염 짧은 고양이가
뛰어 오른다

물이 낮은 곳으로
흐르지 못하고
고양이는 거꾸로
무너진다

입김으로 달구어진
계단은 휠체어를 밀고 간다

연마한 고양이 발톱
앞서가는 여자의 등
할퀸 자국 위로
떠도는 도시철도
앵벌이가 종을 흔들며
지나간다

무릎을 뜯어먹으며
종소리를 따라가는
승객과 군중
안내원 호루라기는
문짝에 낀 눈썹을 뽑는다

이음매를 놓쳐버린
각혈하는 상수도관
날개 큰 고양이가
상념과 이념 사이로
건너다닌다

여자의 치마 속
고양이 울음
무너진 싱크홀에
금간 아파트 기초는
중천에 걸린 반달

나는 고장 난 전동차를 묻어버리고
역사를 밀고 간다

은빛 해골이 강물을 퍼마신다
변압기 물방울은
노인을 구타하고
스크린도어에 낀 물은
제 꼬리를 자른다

불타는 전동차
수직으로 솟구친다
착한 구두가
두 발을 모으고 서 있다.

억울한 계곡

1

산이 내뿜는 열기는 계곡의 냉기에게 길을 내주지 않는다

고도근시는 하루를 여과 없이 걸러내고 두꺼운 책이 줄리에트 드루에 무릎을 누른다

휘파람 부는 화난 산정

일억만 화소 추성리 불빛은 칠선계곡을 흔드는 미지의 등불이다

남자는 아무도 책임지지 않는 낙엽의 잔해를 짊어지고 하산한다 허옇게 달려드는 떼나르디에 부부의 안내를 받으며

– 여기는 탐방로 아님

길을 잃은 내 안의 지표가 지표를 잃어버린 당신의 갈등과 동행한다

2

현미경을 든 자벌

박달나무 호루라기의

세포분열

종신형 받은 외솔의 죄질보다 형량이 무거운 절

벽은 자유롭게 날지 못한다
검정 똥파리가
김이 피어오르는 빵에 혀를 찌른다
물방울을 하나씩 터뜨리면 황사 먹은 물의 수심은 경계 밖으로 밀려난다
곰 사냥 올무를 걷어내고
석간수는 꼬젤 눈곱을 따먹는다
주먹밥을 뜯어먹는 남자의 여행은 누가 뭐래도 시간의 이동이다

3
나는 누구인가,
추녀들이 둘러앉아 등밀이 하는 선녀탕 르네상스를 꿈꾸는 선녀의 오래된 미래
미리엘 교주의 은촛대는 해체한 통천문의 돌쩌귀
환하다

혈관 속에 저장한
기암괴석의 광명을
지루한 페이지를 넘길 때마다

솟구치는 바위의 귀
동굴 저편에서 노려보는 애기똥풀
중첩된 역사는 손아귀가 풀리고 풀무치가 활주로에서 깃털을 흔든다
닫히는 철창문 육중한 낙차
총을 맞고 도주한 저녁노을
민박집 돌담이 허문 길

동선을 놓쳐야 마땅한 계곡이다.

제2부

달리의 저녁상

양발 묶인 남자가
서어나뭇가지에 거꾸로 매달려있다
정상을 향해 뛰어오르던 너덜겅은
장산폭포 등줄기에 걸터앉아
가을을 타전한다
불통은 불통과 교신한다
6번 염색약을 머리에 바른 억새꽃은
오후의 음악방송 볼륨을 높인다
어깨선이 드러난 속옷 사이로
계곡은 급류를 탄다
폭포는 젊고 씩씩한 언어를
성층권으로 쏴 올린다
아령을 든 물빛고양이가 무리지어
지나간다
붉은 루주를 바른 불도그는
굽 높은 샌들을 신고
뒤뚱거리며 넘어진다
손에 붕대를 감은 비둘기들이
고액권을 산그늘에 감춘다.

셀카봉

거울의 목을 돌려놓는다
거울은 안을 쳐다본다
나는 현관거울에게 방에 남은
두 거울을 부탁한다
거울은 두 눈을 꼭 감아버린다
한 거울을 임차해서
귀밑에 달았더니
거울은 손가락으로
거울에서 익은 석류를 가리킨다
검은 가죽장갑을 낀 여자는
혀 없는 강아지를 끌고
백과사전 속으로 잠적한다
나는 자선단체 바자회에서 구입한
당뇨병 앓는 거울에게
붉은 란제리를 입혔다
거울의 하의가 실종되었다
아랫도리는 바다를 물들이고
초상화는 어둠에 걸터앉아
꼬마전등을 낚아올린다
포르노 배우는 발가벗은 거울

앞에서
팔등신 바다를 껴입는다.

계단 올라가는 브르똥

개는 따라오지 않는다
개는 슬리퍼도 없는 고학력자다
우물 속을 날아다니는 잉어를
끼니마다 반 마리씩 훈방한다
눈썹이 찢어진 개는 눈을 부라릴 때마다
푸르고 우북한 꼬리가 자란다
만취한 개가 담뱃가게 진열장을
쳐다보고 앉아있다
저놈은 술주정뱅이임에 틀림없다
생선 목에 걸린 개꼬린지를
급히 놓아버리면
오래전 가출한 여자가 돌아온다
개는 미칠 줄 모른다
서랍 속 밥그릇을 잊지 못하는
저놈은 고층아파트 배꼽을 닦는
일용직 유리청소부를
양부로 둔 것이 틀림없다
그러기에 개는 웃지 않는다
말끔한 밥그릇이 베란다 밖으로 비행하면
창공이 대신 웃어준다

원적을 옮기려고 칩을 뽑는 순간
개는 날아간다.

말하지 마

내가 바람에 실려 왔다는 거
노을로 얼쩡거리다
사라질 거라는 거
모를 줄 알았지, 그러지마
당신 흰 비로 왔다가
붉은 피를 뿌렸잖아
불꽃이 나를 달아오르게 했다는 거
잊으려 해도 잊지 못하는 거
얼핏 보면 상투적이긴 해
알 없는 안경테가
이 건물에서
저 건물로 건너다니는 거
실족사를 두려워하지 않는다는 거
나는 태어나자 죽은 몸
너무 알려고 하지 마
파루에 쫓겨 가는
너와 나의 젊음 같은 거
아무도 해결하지 못하는
구겨진 오늘.

순례

지퍼를 채우려는데 모자 위에
모자가 엎혀있다
목판본 와송 그루터기에는
첨부터 어긋난 단춧구멍이 뚫려있다
억새꽃은 잔기침을 하며
네발 유모차를 밀고 간다
차창에 낀 소매는
왼팔을 버리고 저 혼자 탑승한다
땀으로 얼룩진 무논이
롤러스케이트 족적 위에 떠있다
행선지를 끌어주던 타이어 공기압이
오랜 부유를 버리자
익사한 유허비에서
금빛 구명조끼가 백색신호를 보낸다
마룻바닥을 닦던 아이들이
느슨한 운동화 끈을 쪼아 매자
용마루 틈으로 바흐가 흘러나온다.

방위각

장미꽃 건너다니는 도시철도에는
수상한 오월이 앉아있다
제모를 게을리한
판탈롱바지 여자의 종아리가
텅 빈 경로석에
서류가방을 풀어놓자
화강암 계단이 머리를 감는다
누구나 집을 나섰다고 해서
갈 곳이 있는 것은 아니다
복식부기를 요구하는
어두컴컴한 골목벽화에게
영문도 모르고 문을 열어준 승강기는
긴 목을 비틀며
폭락장세의 비밀을 함구한다
양팔을 깁스한 개찰구는
순번이 뒤바뀐 아스팔트를 파쇄한다
정산이 끝난 에스컬레이터는
일계표를 힘겹게 실어 나른다
수산시장 경매사들이
검은 진돗개를 끌고 지나간다

신권잉크에 취한 로보킹 청소기
보안카드 뒷자리 두 자를 찍는다.

토크쇼

섬들이 도착순으로 둘러앉는다
동행한 뇌성은 섬의 등에 달라붙은
쇠파리를 내려친다
법화경을 겨드랑에 낀 섬은
연둣빛 숄을 머리에 두른 섬에게
마지못해 악수를 청한다
섬과 파도 사이로 여자의 젖가슴이
북을 치며 굴러온다
섬을 갉아먹고 사는 돌섬은
마태복음 2장을
수면 위에 펼쳐놓고
공기놀이하는 고압선 철탑을
향해 삿대질을 한다 몇 년째
파죽음이 된 섬들이
젖은 아랫도리를 말리는 사이
감전된 섬들이
십육만 오천 볼트
고압선을 우회시킨다.

능선을 쏘다

절벽에서 자란 가지 많은 자존심은
새들이 문신한 협곡의 아이젠자국을
어금니로 물어 날랐다
암호를 숙지하지 못한 어리석은 일과는
국적 없는 메아리를
작전명에 숨기며
일렬종대로 늘어선 아라비아숫자에게
푸른 스탬프를 찍었다
음각한 군화자국은
태양의 계곡으로 바람을 밀어 올리고
비목에 가린 빵 고기 사랑은
가파른 능선에
검버섯을 피웠다
붉은 머리 곤돌라가 녹 쓴 철모를
피가 나도록 쪼아주면
지붕 없는 전선의 하복부는
시간이 멈춰버린 외로운 산실이었다
뜨거운 양손에 대검을 움켜잡은
검푸른 포성이
칠부능선 울대를 넘을 때마다
녹아내리는 핏빛 철조망.

릴에 감긴 오후

낚싯대에 걸려 휘청거리던 오후가
들쑤셔놓은 강물을 흘려보내고
약 먹은 듯 잠이 든다
태클박스 속 저수지의 고요가
지느러미를 흔들면 다시 오후는
심연으로 들어간다
나, 아스피린에 취한 저린 팔뚝 하나를
뽑아버리고
싱싱한 팔뚝 하나 갈아 끼운다
먹다 만 식탁에는 등 푸른 생선이
종족을 시식하는 사이
깡마른 갈대꽃이 찌를 흔든다
연잎에 담긴 빗방울을 낚아 올리던
찰진 리모컨은
미끼에 걸린 세상을 뒤집어버린다
펄떡거리는 시간을
늦은 송장에 실어 보내자
버들치 송곳니가 수압에 부러진다
크고 깊은 저수지물을
다 마셔버린

집 나온 검정비닐봉지가
꼬리를 흔들며 따라온다.

북치는 등대

발 없는 바람과 등 넓은 햇살이
꽹과리 울음 사이로 갈마들었다
창백한 파도의 노래
꽃가루 흩날리는 겨울비
남자 사타구니에서 양생한
청아한 불씨를
월궁에 옮겨 심었다
비를 품은 왜가리는
절뚝거리는 무쇠부리로
지폐를 헤고
수직으로 달려온 목쉰 파도는
하얀 바람 한 덩이를
계수나뭇가지에 매달았다

묵판처럼 굳은 하늘이 열리고
데님팬티 여자는
물 위로 걸어갔다
시차를 벗어던진 동백은
나비넥타이를 고쳐매고
반라의 전광판 무희는

잠시 틈을 내어
안개가 만든
솜사탕을 먹었다.

빗나간 코드

자동차 전조등이 밀어내는
초록그늘 뒤에
어부가 앉아있다
하이힐 뒤꿈치에 찍힌 골목 메아리를
하수구 구멍에
한 포기씩 빠트리며
여자, 불가마 속으로 들어간다
여자, 사라진다
원조뚝배기를 고수하던
반세기 남자의 더위가
땀띠 난 햇살을
지붕 위로 밀어올린다
이 차선 도로는 교차로 꼬리를 물고
귀가를 서두른다
낡은 기침이 번개탄에 그을린
정지신호를
바쁘게 수거해가면
은행나무 열매는 새카맣게 쿠린
저녁을 들쳐 업고
어미 소 꽁무니를 따라간다

톱니 일그러진 불도저가
고함을 지르며 지나간다
탈출을 시도하던 참복 한 마리
수족관으로 되돌아간다.

사하라사막

두 발로 걷는 낙타는
싯딤나무 그늘 속으로
두 팔을 숨긴다
열풍을 기다리는 선인장 가시는
사구를 향해 물총새를 날리고
누구에게도 속도를 허용하지 않는
궁핍한 처지에 이르러서야
두꺼운 외투를 벗는다
내 귀에 가득 열린
붉은 열매
벽과 벽 사이에 깃던
일용직 노동자들의
퇴근길이 녹슨 철 대문 뒤에서
업데이트된 꿈을 꾼다
습관처럼 등을 보이며 돌아누운
바람은 푸른 사막의
헛된 꿈을
소나기 등에 실어 보낸다
벽화에서 떨어지는 생수를
팔등신 마네킹이 들이켜 버리자

미장공 김 씨는
밀린 임금을 독촉한다.

8인 병동

햇살 독점한 정 씨 의사의 퇴원 권유에도 짐 꾸릴 생각 않고 외통수 걸린 마장 훈수하느라 포장 옆구리를 찌른다 서창에 팔 걸어놓고 남창 손잡이로 드라이브를 즐기는 아흔 살 이 노인 치아교정으로 생긴 중앙선을 넘나들며 포로 포 먹으라며 한 수 거든다 스탠트시술을 기다리고 있는 박 씨와 백 씨는 리모컨 소유권 분쟁으로 심혈관이 막혔지만 시술이 끝나면 양보할 것 같다 장기 마흔여덟 수 가운데 빅수가 상수라고 열변을 토하던 장 씨, 뉴스가 나오면 이놈도 죽일 놈 저놈도 죽일 놈이다 헬스 중독으로 어깨를 다친 조 씨는 팔뚝이 턱 높이까지 오르지 못하지만 목을 길게 뽑아 졸 둘과 사 하나를 맞바꾸라는 훈수를 한다 부사관 출신 노 씨는 상맥 짚는 데는 타의 추종을 불허하지만 침묵한다 윤 씨의 통증은 병실의 괘종시계다 괘종시계 통증은 세상의 꼼수다 윤 씨의 고통은 날개가 없다

나는 훈수꾼, 통로를 지나 통로 끝에 서면
태초의 모래바람에 창은 날아가고
벽은 사라진다.

굴렁쇠

잊고 나온 자동차 열쇠
손에 거머쥐고 있는 과거
분실한 전화기를 위한 긴급통화는
졸음을 목에 건 폭염경보다
핸들을 놓쳐버린
태풍의 눈
슬쩍 비켜가는 햇살
매연을 흡입하는 사진기는
비만증에 걸린 가로수를 노출시킨다
하릴없이 무너져 내리는 증권가로
숨 가쁘게 굴러가는
붉은 전광판
파리하게 잠든 멤버쉽카드
열린 지퍼 가방 속에서
저지르는 불륜

–집 나간 고양이를 보호하고 계신 분이나 행선지를 알려주신 분에게는 후사하겠습니다.

한식의 낱장 광고가
선걸음에 뛰어간다.

성인 정육점

형광불빛에 걸린 붉은 란제리
장미화분에 담긴
노파의 잔기침
좁은 다락방 천정에
숨어있는 남자의 가쁜 숨

얼뜨기 소 두 마리
흘레붙은 골목 전봇대
푸줏간 주인은 달아난 소를 그리워하고
S자 갈고리에 걸린
음험한 삼겹살이
저당 잡은 전당표를 제시하자
왼쪽으로 기우뚱
오른쪽으로 벌떡 발기한다

삼겹살의 비방과
마블링으로 확대한 유방
미디엄으로 익는 혀
19공탄 화덕에 얹힌
비곗덩어리 골목이 주리를 틀면

아,

19금 소년의 노화여
비상금을 주민등록증에게 줘라
청어과메기 장수와
비릿한 허공 한 덩이를
덤으로 얹어.

첫 자전거 타는 날

–봐
되잖아
누가 뭐랬어
근데 왜 맑은 물의 수심은 가늠하기 어렵다고 했어

새털구름 어우러져 남녘바다로 간다

–그냥 타는 거야
무릎은 이마야
무릎이 없어봐 이마가 먼저 땅에 부딪치지
손바닥은 긁히고 갈라져
굳은살이 되는 거야

–하늘
날개 없이는 못 갈 줄 알았지
한 뼘 발아래 누운 하늘은
바퀴살에 손가락이 낀
꿈할머니의 농간인 줄 알았지

핸들 잡은 김에 달리는 거야

계속 달리는 거야
신묘한 고속도로로 나가는 거야

–위험해
하고 말리면 짓을 내어
더 달리는 거야

추락과 날개는 연관성이 있고 없는 거야
요롱을 울려봐

구름 위로 가는 자전거는
본래 브레이크가 없는 거야
마구 굴러가는 거야

–봐
비행선 드러나잖아
그게 길이야

–어,
소복이

담긴
자존심
엎질러지겠어

–걱정 마,
어지럼 타는 살찐
그릇을 깨어버리는 거야.

제3부

플라톤 학교

콧등에 김이 피어오르는 강아지와
손가락이 얼어붙은 남자가
휑한 벤치에 앉아 졸고 있다

단풍 든 구름은
눈인사를 나누며 지나가고
절전모드로 돌려놓은 현관문을 해체한
걸음 빠른 여자는
그림자를 신고 지나간다

전화기를 손에든 여자가 카톡을
날리며 도로를 압축시킨다
진부한 언어를 꼬리에 매단
검은 고양이가
랩송을 하며 지나간다

과거를 소매치기 당한
남자가 주민등록번호를 하수구에
버리고 지나가자
엘이디불빛은 주운 생년월일을
갖은 양념으로 버무린다.

타킷 동백섬

전광판 무희 불타는 브래지어
북녘 하늘 왜가리
숨은 구름은 떨어진 거리다
해무는 동백의 질주를 부추기고
물질하는 해녀의 목에 걸린
기도하는 달은 붉은 윤슬 위에
레드카펫을 펼친다
침묵은 귀먹은 갯바위에게
흐린 밤의 경보를 유도하고
가로등 불빛에 검게 탄
발발이는 발톱 매니큐어를 지운다
관광객들이 마린시티야경을
가방 속에 넣어간다
화염에 쌓인 유람선과
물에 빠진 요트의 섹스
사스레피 향기를 먹고 잉태한 접시꽃은
온순한 언덕에서 감성을 키운다
유기농 두부장수는 파도를 짊어지고
계단 위로 올라간다
봄이 두부장수를 따라 올라간다

메조소프라노 등대가 낚아 올린 매가리
흥감한 인어
손맛이 남녘 바다를 끌어당긴다.

겨울 소나기

젖무덤 사이로 허밍하며 간다
산고에 불만을 품은 들쥐의 송곳니가
뜯어 먹는 산정표지석
눈썹이 하얗게 그을린 이양기와
붉은 군자란
식당 계산대에 옮겨 심은 불경기

민소매 여자와 긴팔 남자
신용카드를 찍을 수 없어 고뇌하는
단말기 입술
출입문 손잡이에 걸린 발목

박하사탕 귀에 꽂은 분수와
비 맞는 외투의 심장
금간 발바닥의 퍼즐게임
빨강머리 앤
검은머리 순자
가늘고 착한 손가락
서랍장 곰팡이와 건조한 안경의 합석

누적된 캐릭터
생강나무 햇살의 두께만큼
나르는 직립 너덜겅.

인증샷

배불때기 남자는 마룻바닥이다

전동청소기는 남자의 동선을
걸레질한다
바알간 목젖에 놀란 가을비는
자작나무숲으로 숨는다
자작나무를 처음 보는 남자는
실없이 정직하다
자작나무를 찍으면 엉겅퀴 꽃이 피고
정직하면 정직할수록
그는 실패한다

단맛을 찍을 줄 모르는 남자는
쓴맛을 주먹으로 깨뜨린다
발정 난 오이넝쿨은
애호박을 끌어안고
비디오 담장을 타고 넘는다

나는 석탑 잉어를 찍는다
지느러미가 없는 초보 석공에게 예리한

징을 갖다 대면
업그레이드된 숨 가쁜 아가미가
흉상을 찍는다.

면접

비 맞은 나비는 손등에서 자란다
내가 손가락을 펴면 나비잠이 들고
주먹을 불끈 쥐면 나비는 날아간다
모세혈관이 부어오른 나비는
만성천식으로 통원 치료를 받는다
어제 손등에서 태어난 검정나비는
오늘 하얀 병을 앓는다
며칠째 옴짝달싹 못하는
나비의 행동반경은 오답이다
꽃밭을 벗어나지 못하는 추운 나비
가쁜 숨을 몰아쉬며
자루 긴 숟가락으로 허공을 퍼 먹는다
허공은 과식이다
나는 힘줄보다 질긴
씹다 남은 허공을
언젠가 치아가 건강한 나비가 와서
맛있게 먹고 갈 것을 알기 때문에
내 미간에 걸어둔다.

컨트리클럽

피로에 지친 거울 속이다 힘겹게 짊어진 폭염주의보를 옥빛 잔디 위에 내려놓는 태양

어깻죽지 힘이 빠질 때마다 태교음악이 흐른다 타수를 세지 못하는 오비말뚝은 페어웨이 밖을 동경한다 혼란스러운 저녁놀이 추위를 토닥이며 제 그림자를 벗는다 으스스한 초원이 옷깃을 여미는 잉카와시 늙은 섬은 팜스테이 열린 문으로 살찐 엉덩이를 밀어 넣는다

간헐천 소파에는 폐활량이 큰 앨버트로스가 탄산음료를 마시며 누워있다 스코어를 거머쥔 깃발은 바람이 홀 아웃하기 전에 다음 홀로 떠나버린다 삼일 연거푸 선두로 달리던 우유니 소금사막은 한차례 실수로 해저드에 빠진다.

노랑부리까치가 거머쥔 푸른 미소, 귀소를 서두르는 라마의 안경이 홀컵에 낀 묶은 때를 닦는다.

리우데자네이루 배롱나무

포물선을 그리며 자폭한다
실종한 역사를
배롱나뭇가지에 매달아 둔
감독,
차갑게 일어선 구릿빛 대지는 깡마른 이마에 경전을 갖다 댄다
하프라인을 넘는
태초의 정적

코코넛 한 알이 자전거를 끌고 간다
뒤돌아보다 잃어버린 새 꽁지
순위에서 배제된
푸른 소금기둥
원시림은 스스로의 헛발질이 오프사이드를 유발하는지 알지 못한다

맨발의 남자와
축구공을 든 여자
라마의 발자국을 밟으며 간다

연장전 후반 오 초의 귀두에서 뎅기열 앓고 있는 초주검의 희열

붉은 턱걸이를 하고 있다.

갖바치

모국어를 태운 기차가 도착한다
앞을 놓치고 뒷걸음치던
테디베어
외로이 무너진 무대 뒤에서
큰소리로 흐느낀다
분장실 비상구에 흔들리는
백열등
지친 입술을 와인잔에 담는다
붉은 꽃잎이 물 위에서 흔들린다
머그잔에 담긴 상현달은
흐린 조명 아래 발을 닦는다
잿빛 일몰은
암반에 각인된 신석기 완장을
오른쪽 뇌수에 주입시킨다
성장호르몬주사를 맞은
방아깨비가
쇼윈도를 짊어지고 궁륭穹窿으로 사라지자
비밀번호를 도난당한 미라가
하수구에 발목을 숨긴다
눈 귀 코 혀 입술 하나씩 들고

수의사들이 들어간다
장미 한 송이 샹젤리제 거리로
찌머리를 흔들며 달려간다.

바통터치

주말 광고 전단지를 든 도사견
버스정류소에서 손을 들고 서 있다
배차시간을 놓친 한파가 만원
버스에서 내리자
며칠째 북풍을 과음하던
애완견의 봄이 엘리베이터
버튼을 누른다
분실한 주민등록번호를 습득한
CC카메라는
임파선이 심하게 부어있다
새벽을 부정출발한 투명한 영혼은
아침을 이불 밑에 감추며
다시 깊은 잠에 빠진다
유정란을 품은 소녀는
둥지를 찾아 귀동냥을 떠났고
무명 시인의 시비가
비에 젖어 열병을 앓는다
풋사과와 냉동사과가 키스를 한다
사과 한 알이 떨어진다.

삼월

추위를 전송하는
컨베어벨트다
제 무게를 스스로
선별하는
메모리칩이다
신열을
동반한
아토피성 피부질환이다
킥으로 나를
너에게 보내면
수취인의 연골에서
다발로 피는 꽃
붉은
행낭을 챙기는
솟대 위에 걸터앉은
오리다.

빠챠마마

간힌 여우와
랭보를 읽으며 침 흘리는 라마
감각 잃은 레이저광선
만년설은 고사목 정수리 위에
집을 짓는다
한 강풍이 낙후된 강풍을 끌고 간다
바람이 얼음장을 메고 달리자
절규를 벗어나지 못한 잉카의
눈발은 슬프다
가위눌린 안데스는
여우일가를 빙벽 위로 몰아세운다
더위 먹은 암염을 향해
앙칼진 칼바람이
감자꽃을 나눠먹는다
젖멍울에 맺힌 짧은 울음이
저주의 침을 뱉자
태양은 늘어트린 꼬리를 감추고
아득한 설원으로 숨는다.

도시의 회전문

우주가 설립한 도둑학교다
공회전하는 캐비닛 다이얼은
철봉대를 잡고 자전한다
어둠을 거머쥔 국기 게양대는
욕망의 끈을 풀고 삼각대를 내어준다
담임교사가 쓰레기통에서 건진 에메랄드빛
크레용을 이차방정식으로 분해하자
추곡수매에 불만을 가진
쌀가마니들이 공전을 시작한다
햇살을 과음한 사과나무는
히브리어 가계부를 써 내려가고
실험실 사이펀은
폐교의 추억을 인스턴트 한
블랙 앤 화이트 커피를 끓인다
비등점을 통과한 회오리바람이
커닝한 답안지를 거두어가면
중력에 밀린 독서실 창밖에는
풀 뜯는
염소가 여자의 목덜미를 핥는다.

발리 파티마

이구아나는
붉은 볼펜으로 자필이력서를 쓴다
출생지를 오기한 프란지파니 꽃잎은
뒤통수를 긁으며 머쓱하게 내려온다
일찍 일어난 구관조 울음이
파파야 잎사귀에 붙은
아침을 따 먹는다
통로를 따라 건강한 흑인
청년 둘이 시시덕거리며 지나간다
거무튀튀한 언어가
대리석 바닥에 미끄러져 굴러간다
소녀는 잠옷차림으로
금붕어 지느러미를 땋아주고
명품가방 여자는 금장자동문을
무릎으로 지긋이 민다
물고기와 왜가리는 이내
살생을 포기하고 선크림을 바른다
젖가슴도 없는 어린 소녀가
헐렁한 브래지어 차림으로
유두에 달린 땀방울을 닦는다

더위를 삼킨 우렁찬 뇌성이
두리안 열매 속에 든
나를 끄집어낸다.

좌치座癡

고뿔감기 이마에 질끈 묶고
오른쪽 벽을 늘어지도록 당기는
오른팔은 불쌍하다
건조한 시비에 휘말려 이탈한 왼쪽은
미적거리는
두꺼운 방석 밑으로 팔을 숨긴다
나는 왼쪽을 놓칠 수 없어
애매한 오른쪽을 구박한다
오른팔은 무지하다
구름은 잔기침을 하며 지나간다
갈등은 습지에 누운 나를 일으켜 세운다
나는 재촉한다
등 푸른 강아지가 돌담
모퉁이를 긴장하며 돌아간다
오른팔은 난시다
방금 지나간 지하철이 뒤돌아본다
관광버스 창문으로
소녀가 머리를 내민다
이마로 전봇대를 들이박았는데
어리석은 발뒤꿈치가 아프다

당신은 앉아있고
나는 바쁘다.

언덕에서 자란 모발

벌목장 오리나무 이마와
달리는 남자의 발등에
성근 낮달이 뜬다
아홉시 뉴스를 친친 감은 사레들린 구렁이는
가파른 기침을 한다
터널을 지나 간이 휴게소
겨우내 껴입었던 허물을
갈아입는 구렁이
들쥐는 못질한 도시락을 부수고
김밥을 나눠먹는다
샤프심이 자꾸 부러진다
가발 쓴 비단개구리
탈의실 들어간다
미용사는 의자 대신 휠체어를 내어준다
발정 난 유월 햇살이
가르마 탄 자귀나무
이파리를 빗질한다
별이 언덕에서 뛰어내린다
발목 다친 언덕이 언덕을 업고
언덕너머 언덕으로 굴러 떨어진 날은

문둥이가 캠코더를 열고
달려 나온 날이다.

사과나무 밑에서

군화 속 녹 쓴 빗물
팔을 괴고 누워있는 비자나무
원목바둑판
땀과 힘과 욕설로 범벅 진
일용직 김 씨의 하루가
앉은뱅이저울 위에 얹혀있다
탱자나무 울타리를 단숨에 뛰어 넘은
럭비공의 다리
죽은 사과의 무덤은 개미취의 안태고향
여름휴가 떠나려는 달맞이꽃
특수 전자 다이얼 잠금장치 판도라 상자
고요를 목에 건 도둑고양이
반투명 여자의 윤택한 여우꼬리
개망초꽃 심장
어린 사과나무들의 소풍길 군가
강물에 빠진 징검다리
돌에 박힌 외눈
샤워하는 어둠
핸드크림 바른 사과꼭지 풍치 앓는 평상
불평을 털어놓던 남자의 근육이 평상을 밀치며

일어선다
　황소는 사과나무 아랫도리를 핥는다
　어제는 휴장
　오늘은 문전성시
　골절상 입은 강물
　구시렁거리며 굴러가는 동전과
　침묵하는 지폐의 불화
　노쇠한 사과나무를 전지하자 코골이 하던 배나무
는 포커판을 펼친다
　냉동사과는 어둠에서 걸어 나오며
　다량의 파라티온을 마신다.

제4부

확대경

벽을 타고 오르는 담쟁이넝쿨이
담갈색 버튼을 누를 때마다
선홍색 매화가 피어났다
남자는 상처투성이 오른쪽 엄지를
지문인식기에 올려놓았다
잉크 냄새에 포장되어있던
남자의 비밀이 고스란히 노출되고
열린 문으로 햇살이 먼저 들어왔다
토막 난 햇살을 주워
한 땀 한 땀 수기하는 소녀는
막노동에 시달린 땀 밴 과거를
아세톤에 풀어
허공으로 날려 보내자
건조한 대리석 계단이 숨 가쁘게
뛰어올랐다
바닷새가 창공으로 날아올랐다
벽화 속에서 졸던 나비가
엘리베이터를 밀어 올렸다
바람은 외로움을 선점하기 위하여
앞다투어 편승했다.

허수아비 숙제

까맣게 탄 저녁밥이다

압력솥 뚜껑을 들었다
놓아버리면, 막차는 왔다
검정 코스모스는
의미 없는 배경화면
렌즈를 당기면
자판기 옆 맨드라미 일탈이 보이고
렌즈를 밀면 벼랑에 선
석류의 실족사를 부검한다
노안이 견인하는 남색 티셔츠는
붉은 바람의 푸른 하늘일까,
그렇다면 아비는 어디 갔나
제초기 소음에 가린
귀뚜라미 들창코와
하얀 벽에 기댄
하얀 수염의 감물염색 때문에
창으로 스민 달빛은
잘 익은 석류
1+1=3이라고 주장한

고추잠자리의 긴 눈
보자기에 담긴
한가위를 인화하자
광채 나는 구두가 있다.

매미

김을 뿜어내며
팔십이 층 아파트가 익어간다
빗자루 끝에 묻은
제비갈매기 식욕은 유리창에 핀
젖꼭지를 따 먹는다
설익은 꽃잎을
자주색 호주머니에 따 담던
무료한 왜가리는 편의점에서
콜라 한 캔을 사들고
감자꽃 핀 언덕에 기대어 색소폰을 분다
음악에 맞춰 장바구니를 든 오후가
소방차를 타고 재래시장으로 가자
아가미로 담수를 토하는
숭어가 교각 위에서 자맥질을 한다
숙성되지 못한 어둠은
측백나무 숲으로 끼어들지 못하고
물을 보면 물장구를 친다
검정 묻은 소방호스는
타오르는 열기를 얼굴에 바른다
수족관 수입어종들의 입김에

녹아내리는 불기둥은
없는 어제를 족자에 각인한다
흔들리는 이어폰 줄 따라 영리한
장미가 핀다.

당신 덕분이다

체육시간이면
좌향좌
우향우를 될 때까지
시키더니
온 나라가
극좌 아니면 극우다.

바다 이야기

빵을 구울 줄 모르는 남자는
밀폐된 진열장 밖에서 액셀을 밟는다
감각에 익어가는 토스트
이성에 깊이 빠져버린 포카치아
뜨거운 빵틀에서 이념은 숙성된다
잠을 놓친 무릎 위에는
지친 손등이 가지런히 얹혀있다
시간을 찍어내는 땀방울은
이데올로기에 익어가는 아침이다
설익은 빵을 허공으로 퍼나르는
구릿빛 오븐에는
한 번도 빵을 먹어보지 못한
둥근 얼굴이 웅크리고 앉아 있다
자동차 영업사원이
임금인상 피켓을 들고 일인시위를 하고 있다
양버즘나무 보푸라기는
이스트를 가득 재운 반죽을 게워내자
검정 빵틀 밑으로
환한 그늘이 사라진다.

암반에 핀 잉어

강물이 가던 길을 멈추고
똬리를 튼다
놀란 오동꽃은 보랏빛으로 날아오른다
노숙자가
잠자리 다툼을 하느라
거친 폭력이 오고가는 사이
암각화는 익사한 노숙자의 영정을 들고 간다
별표 운동화를 신은
유치원 아이들이
밀랍인형에게 상형문자를 건네준다
낮별이 가득 드러난다
사탕을 입에 문 망초꽃들이
잉어 떼를 몰고 동해로 간다
빗물을 짊어진 두꺼비가
묽은 콧물을 팔작지붕 위로 던져 올린다
여름휴가를 맞이한 정오의 호수가
내 사타구니 사이로
고요를 밀어 넣는다
숲의 정적 사이로 마중 나온 돌탑이
긴 하품을 한다

발가벗은 강물이
적의 퇴로에 사다리를 놓아준다.

천기누설

달이 대머리 위에 앉아 있었어
화동처럼 미세한 주름을 그리며
소문은 소문을 물어 날랐어

동시다발로 쇄도하는 밴드
허나 들어줄 수 없었어
우주 속에 타버려야 할 잡놈은 나 하나뿐, 허상인 내가 감히 누구를 어쩔 수 있는 건 아니었어

– 어서 들어와

오방신장은 불쏘시개를 흔들며 나를 유혹했어

– 어정거리면 기회를 놓쳐

정작 뒷짐이나 끼고 어슬렁거리며 불타는 달집 구경이나 즐기다 가려 했는데
정직한 불은 더듬이를 태우고 비굴한 지성을 외치던 입술을 태웠어
급기야 배가 터지고

악취 덩어리 남근
손톱 끝에 맺힌 검붉은 혈루가
활활 타올랐어
재도 없이 타들어갔어

우주가 조용했어.

치매

낡은 정글화의 유언을 편집한다
병사는 잘린 두 다리를 어깨에 메고
밀림을 헤쳐 나왔지만
쌍절곤에 부상당한 고단한 하루가
유릿가루처럼 흩어져버린다
붉은눈독개구리는 잃어버린 시간을
제 머리카락으로 수를 놓는다
거식증 앓는 육각창 옆으로
과식한 전투기가 지나가자
혓바닥이 갈라진 모기떼들이
다중채널 속으로 모여든다
두꺼비 한 쌍이 바람 위에 앉아있다
노란 울음을 앞세운
세르반테스의 요트는 항로를 벗어난다
스크루에 걸린 양부의 초상화는
찢어진 깃발 위에 헛기침을 토한다
군홧발에 밟힌 단말기가
막혔던 말문을 연다
완고한 벽을 뚫기 위하여 예리한
정을 들이대지만
물러서지 않는 벽이 있다.

다문화 가로수

벚꽃이 시장바구니를 들고 따라온다
기댈만한 곳도 마뜩찮은 삼월이
과속방지턱 앞에서 급정거를 한다
경계석에 걸려 넘어진 꽃샘추위가
적색신호를 무시하고 건너간다
뱅골만에서 이주해온 가로수 그림자는
휠체어에 밀려가는
아파트 그림자에 손을 담근다
한파를 이겨낸 봄볕은
파란불을 선호한다
깁스한 오른발에
밟힌 황색신호등은 철새다
튕겨 오른 도로의 소음이
야윈 가로수 잎에서 떨어지고
짧은 꼬리 매연은
출입금지한 잔디밭에
쪼그리고 앉는다
얼어붙은 기억을 털갈이하면서
봄은 왼발 뒤꿈치에 붙어 따라오는
젖은 상표를 뗀다.

이상한 블랙홀

파인애플머리 치와와는
목줄을 타고 내리는 안개 울음을
닦아 먹는다
인공폭포 고드름은
잠자던 물기둥을 일으켜 세운다
생선 장수는 지느러미를 흔들며 사라진다

항로를 벗어난 불의 입속으로
염장된 길이 단숨에 녹아내린다
터진 풍선이 드러누운 차도에
펑크 난 타이어가 누워있다
확성기 소음에 놀란
냉동고등어들이
인도 위로 뛰어 오른다
가출한 민달팽이 동선 따라
특급기차가 지나간다

길이 길 밑으로 숨는다
자전거 바퀴에 깔린 돌계단이
통행세를 받으려고

막아섰지만
팬지꽃이 먼저 알고 에둘러간다.

겨우살이

사탕을 물고 잠이 든다

잡목우듬지에서 흐르는 초록음악

별
바람
다람쥐
젖은 구름
눈먼 올빼미

새벽홈통을 판다

이제 오롯이 남은
손톱에 핀 꽃

인감이 새겨진 말뚝을
지구 겨드랑이에 박는다.

나를 깔고 앉은 나

폭포 속에는 폭포가 없고
갈대밭에는 갈대가 없다
부러진 팔랑개비는
바람이 주는 후식에 분노한다
두 팔을 날려 보낸
갈대밭 노을은
내일 또다시 딛고 일어서야할
두 발마저 날려 보낸다
은빛루주 억센 이파리들은
허무로 짜 맞춘
궤적을 무너트리고
사라졌다 되돌아온 저녁노을은
비문증을 앓는다
외딴섬 마을슈퍼 과자봉지는
인기척을 끌고 오는 낯선
그림자를 기다리며
풍랑에 젖은 담배연기를 뿜어 올린다
여자가 노을을 향해
쪽물을 들이자
삐침 많은 바람이 섬을 흔든다.

수화手話

해바라기 설교와 고흐의 욕설이
함께 피는 광장
사닥다리를 타고 내려오는 뽀로로 눈썹과
킹키부츠에 눌린

보드블록의 혀는 붉다

나는 백지를 황칠한다

갑자기 우주가 어두워지도록
출판기념회에 참석한
장검을 찬 장수는
호위한 일행을 버리고 홀연 떠난다

풍경 요란한 대웅전 엉덩이에서
유두화 핀다
잠든 샐비어와
산화하는 아침이슬의 시비는
매끄럽지 못하다
오늘은 고흐와 고갱이 헤어진 날

유정란은 무정란의 영원한 과제물이다

군중은 모자 위에 촛불을 켜고
정치망에 걸린 물메기는
크고 넓은 아가미 속으로
광화문 동상을 삼켰다 뱉었다 한다.

좀벌레

뒤주 속으로 들어간다 하늘이 어둠 속에 있다는 것을 알기 때문에 점점 두꺼운 어둠으로 몸을 감싼다 나는 어둠에서 먹을거리를 찾는다 어둠에 싸인 숨은 고요는 쓴맛 끝에 나오는 단맛에 취한다

고요가 이토록 맛있는 것일까, 야금야금 뜯어 먹는다 어둠을 흔들면서 지나가는 금부도사의 육모방망이가 뒤주를 두드리며 지나가자 틈 사이로 들어온 주소불명의 햇살이 눈부시다 御命은 아파트 그림자를 정원수 가지에 널어 말린다 나를 건조시키려는 빛이 뒤주 가장자리를 향해 다가온다 당쟁이 그치지 않는 회의장은 외벽 전체가 어둠이다 회의장 입구에는 투명양복을 입은 力士들이 검문검색을 한다 검색대를 통과한 나는 곧 신선해질 것이다

독방 뒤주는 꿈이 만든 한 송이 꽃이다 몸의 중심축을 이파리 뒤에 숨겨둔 나는 식이요법으로 망가진 치아를 맞닥트리며 널빤지를 갉는다.

왼손의 옆방

1

앞을 버리고 뒤를 취했다
어긋난 톱니바퀴와 동맥경화를 앓는 가로수
1번 지하철이 가면 3번 지하철이 오고 5번 지하철이 가면 게으른 전차는 허리가 굽었다
승차권에는 미지의 통로가 열려있다 이름하여 구층이라는 대리석 계단이 내 눈썹을 뽑으려 하기에 나는 입술을 꼭 감았다
형이상학의 입술은 언제나 분화구다 분노를 실어 나르는 시간의 정적이다 고요를 다듬는 목수의 오른손이 화평한 왼손을 향해 치는 꼬리
달력엔 목 부러진 해바라기가 포도당 주사를 맞고 있다
미끼를 문 입술
상습 호객행위
혹독한 쾌락의
느슨한 징표
옆방 출입문에 걸려있다
높은 코는
한 겹씩 벗겨지는 내성을 테스트했다

심장에 정을 박는
석수의 왼손
뿌리치며
흡연하는 무궁화
건조한 하모니카를 꺼내들자 구강이 어두워졌다

2

귀 큰 거울과 현미경 왼손
내부에서 기생하는 프로폴리스
비 맞은 대지
대마디를 끌어안고 뛰는 선율
가로등 그림자를 끌고 가는
용기 잃은 언어
빗소리가 남김없이 다 삼켜버린다

3

식성 좋은 덤프트럭과
목젖 드러내며 웃는 시궁창과의 밀회
가로수에 걸어둔 동정童貞
지면보다 높은 바다의 파안대소

철마의 거친 숨소리
부화한 철새
유려한 산문이 갑문을 열지 못하고 산소 호흡기를 짊어진 배스가 식탁 위에 누워있다
이혼 신고서는
붕어 먹이통에
넣어둔다
물뱀이다
찌지리한 지렁이 울음을 깔아뭉개며 검은 그림자 옆으로 지나가는

4

아스팔트에 박힌 사금
귀먹은 돌
노숙자들이 자리다툼하는 사이 팔꿈치에 피는 장미와 진열장 위에 얹힌 입
신용카드 비밀번호가 외출 준비를 한다
벙어리 카드는 불쌍하다.

말의 말

말이 안 되는 말을 말이 되는 것처럼 자주 하면
말은 흙이 된다
흙이 된 말을 말이 되게 하려면 말은 되지 않는
말을 옹호해야 한다 말은 말이 안 되는 말을 그 말
이 숨 멎을 때까지 말의 목을 짓누르고 있어야 한다
말을 주마가편走馬加鞭하면 말은 갈기를 휘날리며
넓은 초지에 풍문을 일으킨다 풍문은 마디가 있다
부러진 마디를 역산해서 이어보면 순서가 뒤바뀐다
말은 양을 측정하기 어렵다 그 길이를 잴 수 없다
원래 있던 말과 사라졌던 말과 허공에 있던 말이
조우하면 허공에 떠다니는 흙벽이 된다
입술에 붙은 말과 울대를 타고 토해낸 말은 우북
한 감성에 빠진다 떠나면서 수거해간 말과 버리고
간 말은 온도차이가 난다 무더운 말과 냉습한 말은
원초적으로 거리감을 갖고 있다
아우성치는 말은 컵에 담긴 뜨거운 물을 발등에
쏟아버린다
죽은 말일수록 감정을 흔들어 깨우고 흔들린 감
정은 죽은 말을 재생시킨다
씨줄과 날줄로 짠 말은 정교하나 올이 없다 키 큰

말은 작은 말을 태우고 어스름 사막을 먹어치운다
  안 되는 말은 손아귀에든 말을 조금씩 녹여먹는다

  말은 흙먼지를 뒤집어쓴 채 말의 계통도를 그린다 말이 말을 오래토록 습생한 말은 벽을 경계로 억양이 달라진다 달라진 억양은 과음한 말이다

  말이 언어의 반경에서 벗어난다 길게 그림자를 남기며, 아무리 해도 안 되는 말은 말이 되지 않을 때까지 말을 한다.

시외버스를 탄 등대

뒷걸음질과 옆걸음질
거꾸로 신은 장화와 뒤로 신은 구두의
엄폐
설비 김 씨는 목수 박 씨
장도리에 맞아
막힌 혈관이 뚫렸고
전기 노 씨 고압전류에
페인트 강 씨가 더러눕자
파도는 밤새 바다를 져날랐다
십자가 목걸이를 위하여
벽지공 김 씨를 위하여
어린 고양이들이 모닥불을 피웠다
붉은 알을 가지런히 품은
거푸집 더미에는 김 씨가 키우는
낯익은 달빛이
산란을 위해 몰려들었다
폐허가 된 모델하우스는
제 발로 떠난 불빛을 추모했다
보일러 허 씨의 등불이
사닥다리 심지에 불을 댕기면
바닷물이 익었다.

□ 해설

장자, 그 존재 이전의 메커니즘

– 이원도의 시세계 –

하현식 / 시인·문학평론가

□ 해설

장자, 그 존재 이전의 메커니즘

- 이원도의 시세계 -

하현식 / 시인·문학평론가

1

하이데거는 「존재와 시간」에서 존재 이전에는 언어도 없다고 기술하고 있다. 이는 존재와 언어의 초월적 관계를 내포하고(사주하고) 있다. 이른바 초월주의는 동양정신에서의 선사상에서 보편화된 것으로 사상사뿐만이 아니라 예술 전반에 확산되어 나갔다. 특히 현대에 와서 새로움의 의미에 직면할 때 모더니즘의 전위적 자세에서 불가의한 의의를 지니게 된다. 이를테면 다다이즘이나 초현실주의적 담론이 그것이다 가까이는 우리 시문학사에 와서 정착되고 있는 김춘수의 무의미시 시론이 그 대표적인 예인 것이다.

그러나 이원도 시인의 초월주의는 철저히 자신이 학문적으로 탐구하는 장자사상에 연결되어 발을 붙이고 있음을 간과하지 못한다. 그 단서가 「시인의 말」에서 일갈하고 있는 '나는 태어나지 않았다' 는 선언이 아닐 수 없다. 언뜻 그의 언표는 하이데거의 '존재 이전' 을 지향하는 듯하나 그보다는 장자의 '무생명의 질서' 속에서 인간 존재를 각성하려는 자유의 철학에 닿아 있음을 인지케 된다.

이원도 시인은 초월주의의 모티브로서 복고적이고 고답적인 데서 출발하고 있는 듯하나 장자의 현대적 해석에 기인하는 중후하고도 심도 있는 무한의 세계를 통찰함으로써 현대시가 요구하는 초월적 언어를 창출하는데 그 의의를 지우지 못한다. 이제 미래적 시의 지평은 더욱 파괴된 가치와 초월된 상상력을 기대하고 있다. 이러한 현대적 요구에 따른 자연에 대한 감흥이나 정신의지를 의미로 응고되기 이전의 세계로 정착시킴으로서 초월주의를 성취하고 있다. 이원도의 시세계는 이렇듯 '존재 이전' 의 아직 태어나지 않은 상태에서의 상상력으로 개별성을 확보하고 있다. 이러한 모티브는 시집 표제에 나타난 「왼손의 옆방」의 이슈로 비롯되었다는 것도 한 참고가 될 것이다.

2

이원도 시인은 세계를 처음부터 '가상' 과 '실상' 으로 분리하여 '존재 이전' 과 '존재 이후' 를 대비시켜 탐구하고 있다.

①
이마에 걸터앉은 불빛
아이스크림 먹는 그네 타는 자수정
가상세계의 음해와 실상세계의
판독 불가한 찬사
날개 큰 선풍기는 모함謀陷이다

②
나르는 지폐의 속도와
앉아 있는 아낙과의 경주
해변도로를 바구니에 주워 담는 남자와
방파제 돌담을 걷어차는 여자의
잔인성을 자천타천 비판한다

③
모래 위를 달리는 바람과
광활한 바다에
포도를 심는 폭죽 사이에
연민이 있다-면 혼미한 붉은 머리칼은
옥빛 포도밭에서
센서등을 흔들 리 없다
전신주 액자에 묶인
현란했던 과거는
빛나는 귀빈석에서 물어보라

④
족욕하는 광안대교
혀 빠진 도사견의 후미체위
쌍끌이 저인망에 포획된 일가족
꽁치 떼의 집단탈옥
방탄복 어부의 등을 향해
쏘는 불화살.

－「불꽃축제」 전문

이 시인이 시를 통해 설파한 '존재 이전' 은 스스로 말했듯이 '태어나지 않은 세계' 이면서 동시에 프로이드가 말하는 무의식의 세계다. 다만 모더니스트들이 즐겨 원용하는 초현실의 세계인 것이다. 김춘수는 이 방법론을 조정하여 무의미시의 지평을 일구기도 했다. 게다가 선사상이 제시하는 차안과 피안의 진리에 덧붙여 예술이 지향하고자 하는 궁극의 세계를 시인은 갈망하는 것이다. 이른바 「불꽃축제」의 형식은 '실상' 을 토대로 펼쳐지고 있다. 그러나 펴져나가는 '불꽃' 들은 일종의 '가상' 으로 접근되는 것이다. '이마' 는 광안대교의 철탑이며 '자수정' 은 온갖 아름다운 형상을 지으며 발화하는 불꽃의 모습을 총체적으로 일컫는 말이다. '가상' 의 총화가 아닐 수 없다. 가상세계는 불꽃이 만들어 내는 현란한 풍경 자체이며 실상세계는 존재 이후의 의미 있는 행위를 투사한다. '날개 큰 선풍기' 는 '실상' 으로서의 커다란 '불꽃' 을 시각화하고 있다. ①연에서의 '불꽃' 풍경과 대칭되는 관객들의 온갖 모형들이 '지혜' 와 '경주' 와 '잔인성' 으로 은유되어 제시된다. 특히 "해변도로를 바구니에 주워 담는" 역동적 이미지는 ②연에서의 한 경지를 드러낸다. ③연에서의 이슈는 '바다에 포도를 심는' 비유이 시편은 더욱 참혹한 무의식의 풍경을 펼치고 다. '달리' 역시 초현실파 화가의 한 사람인 바와 찬가지로 이 시편은 언어로 그려낸 '달리'의 그 한 폭으로 볼 수 있다. 그러나 어디를 찾아봐도 저녁상'은 없다. 일종의 트릭기법으로 그림 전체 암울한 정서에서 '저녁상'을 찾게 된다. 풍경은 단명료하다. 첫째는 '남자'에 기인된 형상이다. 양발이 묶이'고 '나뭇가지에 거꾸로 매달린' 형국 그것이다. 둘째가 '폭포에 걸터앉아' '가을신호 타전하는 너덜경'이다. 첫째 풍경보다는 덜 비참 다. 오히려 희망적이다. 셋째가 '불통' 끼리의 교 인데 의도된 관념에 가려 있다. 특히 '억새꽃'과 염색'의 결합은 흥미롭다. 기발한 측면까지 끌고 다. 그리고 '음악 볼륨을 높이'는 감각적 포착에 초현실의 묘미를 만끽하게 된다. 또는 '속옷' 사 로 흐르는 '계곡의 급류'에서 단적인 육욕주의가 미되어 '저녁상'을 풍성케 한다. 이 시인의 독특 에로티시즘의 매력을 맛보게 한다. 「성인 정육 」 또한 서술구조를 생략하고 있다. 이처럼 서술구 를 생략하는 것은 초현실적 오브제를 일반 개념 로 격하시킬 우려를 염려하고 있기 때문이다.

이 시편의 후반에서는 절묘한 대비법이 더욱 정 를 고양시키고 있다. 즉 '고양이'와 '불도그'의

적 장치다. 결국 불꽃축제는 바다를 '포도원'으로 이미지화하는데 성공하고 있다. ④연의 "족욕하는 광안대교"와 "혀 빠진 도사견의 후미체위"는 관계 형성이 자유분방하게 이루어져 일반개념으로는 추리할 수 없는 무질서한 착란을 일으킨다. 이는 이원도 시인의 모든 시편이 보여주는 사물의 '동일성'이 그것이며 관계에서 벗어나 병치함으로써 두 표의가 어느 한 순간에 결합하여 상이성이 소멸해버린다.

사각턱 모래는 마취주사를 맞는다

무너져 내리는 모래의 환영은 나를 낳아 길러준 파도를 떠올리며 깊은 잠에 빠진다
우리 딸 코가 너무 예쁘지,
그때마다 몸매가 팔등신이라며 딸 자랑에 침을 튀기던 아빠,
바다를 한주먹 쥐어준다

가슴을 자가 이식한 파도
브이라인 물기둥
송림에서 잃어버린 별
부어오른 눈두덩과 흙손의 인연
콧날선 해풍은 바스라지게 흘러내리는 차도르 쓴 여자에게 술을 권하자 브래지어로 두 눈을 가리며 수술실 밖으로 달아난다
포클레인에 걸터앉은 파고
구구단을 외우는 해일

말기 암 완쾌 진단서를 받은 길거리 가수의 허스키한

기타는 바다 손톱을 키운다.

-「모래인형」전문

'모래' 는 존재 이전의 질료에 불과하다. 그러나 '인형' 으로 승화된다는 것은 존재 이후의 형상화된 '실상' 으로 탄생된다. 이러한 '가상' 이 '실상' 으로 변신하는 데는 '마취' 가 작용한다. '마취' 의 도구는 '흙손' 이며 '포클레인' 이 필수적이다. 게다가 '가슴의 자가 이식' 에는 파도가 주체가 된다. 여기에서 이 시인의 '가상' 과 '실상' 은 불분명해지는 것이다. '장주의 나비' 에서 장자가 자기 실체에 대한 판단이 흐려졌던 사실에 대입할 수밖에 없다. '모래' 가 '실상' 이냐 '인형' 이 '실상' 이냐 하는 문제는 역시 하이데거의 존재 이전의 메커니즘을 참고할 필요가 있는 것이다. 이는 의미와 무의미로 시의 깊이를 더한 김춘수의 시적 논리도 동원될 필요가 존재한다. 또는 정신과 의사인 프로이드의 의식과 무의식을 동원할 만하다. 아니면 앙드레 부르똥의 현실과 초현실의 논리 파괴도 적용할 가치가 대두된다.

'수술실' 로서의 '바다' 의 기능과 "구구단 외우는 해일" 이 자아내는 무한한 상상력을 즐겨야 할 국면을 시인은 독자에게 제공하고 있는 것이다. 뒤집어 말하면 '실상' 이 '모래' 가 되고 '가상' 이 '인형' 으로 설명되어야만 하지만 딱히 그럴 수 없는 존재 이

전과 이후의 갈등을 형상화하는
의 꿈과 미학이 성취되는 것이다
충실할 필요를 초월하는 시적 상
는 것이다.

3

의식과 무의식 또는 현실과 초
리에 충실했던 부류들은 유수한
라공, 미로, 마그리트, 에론스트,

양발 묶인 남자가
서어나뭇가지에 거꾸로 매달려있다
정상을 향해 뛰어오르던 너덜겅은
장산폭포 등줄기에 걸터앉아
가을을 타전한다
불통은 불통과 교신한다
6번 염색약을 머리에 바른 억새꽃은
오후의 음악방송 볼륨을 올린다
어깨선이 드러난 속옷 사이로
붉은 계곡이 급류를 탄다
폭포는 젊고 씩씩한 언어를
성층권으로 쏴 올린다
아령을 든 물빛고양이가 무리지어
지나간다
붉은 루주를 바른 불도그는
굽 높은 샌들을 신고
뒤뚱거리며 넘어진다
손에 붕대를 감은 비둘기들이
고액권을 산그늘에 감춘다.

-「달

적 장치다. 결국 불꽃축제는 바다를 '포도원'으로 이미지화하는데 성공하고 있다. ④연의 "족욕하는 광안대교"와 "혀 빠진 도사견의 후미체위"는 관계 형성이 자유분방하게 이루어져 일반개념으로는 추리할 수 없는 무질서한 착란을 일으킨다. 이는 이원도 시인의 모든 시편이 보여주는 사물의 '동일성'이 그것이며 관계에서 벗어나 병치함으로써 두 표의가 어느 한 순간에 결합하여 상이성이 소멸해버린다.

사각턱 모래는 마취주사를 맞는다

무너져 내리는 모래의 환영은 나를 낳아 길러준 파도를 떠올리며 깊은 잠에 빠진다
우리 딸 코가 너무 예쁘지,
그때마다 몸매가 팔등신이라며 딸 자랑에 침을 튀기던 아빠,
바다를 한주먹 쥐어준다

가슴을 자가 이식한 파도
브이라인 물기둥
송림에서 잃어버린 별
부어오른 눈두덩과 흙손의 인연
콧날선 해풍은 바스라지게 흘러내리는 차도르 쓴 여자에게 술을 권하자 브래지어로 두 눈을 가리며 수술실 밖으로 달아난다
포클레인에 걸터앉은 파고
구구단을 외우는 해일

말기 암 완쾌 진단서를 받은 길거리 가수의 허스키한

기타는 바다 손톱을 키운다.

-「모래인형」전문

'모래'는 존재 이전의 질료에 불과하다. 그러나 '인형'으로 승화된다는 것은 존재 이후의 형상화된 '실상'으로 탄생된다. 이러한 '가상'이 '실상'으로 변신하는 데는 '마취'가 작용한다. '마취'의 도구는 '흙손'이며 '포클레인'이 필수적이다. 게다가 '가슴의 자가 이식'에는 파도가 주체가 된다. 여기에서 이 시인의 '가상'과 '실상'은 불분명해지는 것이다. '장주의 나비'에서 장자가 자기 실체에 대한 판단이 흐려졌던 사실에 대입할 수밖에 없다. '모래'가 '실상'이냐 '인형'이 '실상'이냐 하는 문제는 역시 하이데거의 존재 이전의 메커니즘을 참고할 필요가 있는 것이다. 이는 의미와 무의미로 시의 깊이를 더한 김춘수의 시적 논리도 동원될 필요가 존재한다. 또는 정신과 의사인 프로이드의 의식과 무의식을 동원할 만하다. 아니면 앙드레 부르똥의 현실과 초현실의 논리 파괴도 적용할 가치가 대두된다.

'수술실'로서의 '바다'의 기능과 "구구단 외우는 해일"이 자아내는 무한한 상상력을 즐겨야 할 국면을 시인은 독자에게 제공하고 있는 것이다. 뒤집어 말하면 '실상'이 '모래'가 되고 '가상'이 '인형'으로 설명되어야만 하지만 딱히 그럴 수 없는 존재 이전과 이후의 갈등을 형상화하는 데서 이원도 시인의 꿈과 미학이 성취되는 것이다. 반드시 역사에만 충실할 필요를 초월하는 시적 상상력을 만나게 되는 것이다.

3

의식과 무의식 또는 현실과 초현실의 파괴적 논리에 충실했던 부류들은 유수한 화가들이 있다. 아라공, 미로, 마그리트, 에론스트, 샤갈이 그들이다.

양발 묶인 남자가
서어나뭇가지에 거꾸로 매달려있다
정상을 향해 뛰어오르던 너덜겅은
장산폭포 등줄기에 걸터앉아
가을을 타전한다
불통은 불통과 교신한다
6번 염색약을 머리에 바른 억새꽃은
오후의 음악방송 볼륨을 올린다
어깨선이 드러난 속옷 사이로
붉은 계곡이 급류를 탄다
폭포는 젊고 씩씩한 언어를
성층권으로 쏴 올린다
아령을 든 물빛고양이가 무리지어
지나간다
붉은 루주를 바른 불도그는
굽 높은 샌들을 신고
뒤뚱거리며 넘어진다
손에 붕대를 감은 비둘기들이
고액권을 산그늘에 감춘다.

–「달리의 저녁상」 전문

이 시편은 더욱 참혹한 무의식의 풍경을 펼치고 있다. '달리' 역시 초현실파 화가의 한 사람인 바와 마찬가지로 이 시편은 언어로 그려낸 '달리'의 그림 한 폭으로 볼 수 있다. 그러나 어디를 찾아봐도 '저녁상'은 없다. 일종의 트릭기법으로 그림 전체의 암울한 정서에서 '저녁상'을 찾게 된다. 풍경은 간단명료하다. 첫째는 '남자'에 기인된 형상이다. '양발이 묶이'고 '나뭇가지에 거꾸로 매달린' 형국이 그것이다. 둘째가 '폭포에 걸터앉아' '가을신호를 타전하는 너덜경'이다. 첫째 풍경보다는 덜 비참하다. 오히려 희망적이다. 셋째가 '불통' 끼리의 교전인데 의도된 관념에 가려 있다. 특히 '억새꽃'과 '염색'의 결합은 흥미롭다. 기발한 측면까지 끌고 간다. 그리고 '음악 볼륨을 높이'는 감각적 포착에서 초현실의 묘미를 만끽하게 된다. 또는 '속옷' 사이로 흐르는 '계곡의 급류'에서 단적인 육욕주의가 가미되어 '저녁상'을 풍성케 한다. 이 시인의 독특한 에로티시즘의 매력을 맛보게 한다. 「성인 정육점」 또한 서술구조를 생략하고 있다. 이처럼 서술구조를 생략하는 것은 초현실적 오브제를 일반 개념으로 격하시킬 우려를 염려하고 있기 때문이다.

이 시편의 후반에서는 절묘한 대비법이 더욱 정서를 고양시키고 있다. 즉 '고양이'와 '불도그'의

동물적 대비와 '물빛 고양이'와 '붉은 루주 불도그'의 색채 대비가 그것이다. 또 '급 높은 샌들'과 '고액권'의 시각적 묘사에서 끝없는 상상의 식탁을 만나게 된다.

개는 따라오지 않는다
개는 슬리퍼도 없는 고학력자다
우물 속을 날아다니는 잉어를
끼니마다 반 마리씩 훈방한다
눈썹이 찢어진 개는 눈을 부라릴 때마다
푸르고 우북한 꼬리가 자란다
만취한 개가 담뱃가게 진열장을
쳐다보고 앉아있다
저놈은 술주정뱅이임에 틀림없다
생선 목에 걸린 개꼬린지를
급히 놓아버리면
오래전 가출한 여자가 돌아온다
개는 미칠 줄 모른다
서랍 속 밥그릇을 잊지 못하는
저놈은 고층아파트 배꼽을 닦는
일용식 유리청소부를
양부로 둔 것이 틀림없다
그러기에 개는 웃지 않는다
말끔한 밥그릇이 베란다 밖으로 비행하면
창공이 대신 웃어준다
원적을 옮기려고 칩을 뽑는 순간
개는 날아간다.

－「계단 올라가는 부르똥」 전문

앙드레 부르똥은 20세기를 대표하는 초현실주의

시인이자 미술이론가로서 소위 ‘초현실주의선언’을 통해 자기 생각을 확장시켰다. 이 시인의 제재적 특성을 잘 나타내는 시가 바로 「계단 올라가는 부르똥」이 아닐 수 없다.

이원도 시인의 장자적 취향이 동양적 관조에 머무르지 않고 서구 이론으로 건너뛰는 대표적 대상이 ‘달리’와 ‘부르똥’인 것이다.

이원도 시인은「시인의 말」에서 “나는 태어나지 않았다”고 역설을 제시한 것처럼 이 시편의 서두에서 “개는 따라오지 않는다”고 역설적 상황을 축조하고 있다. 결국 “않는다”는 부정적 서술이 일치됨으로서 철저한 ‘가상세계’를 암시하고 있다.「달리의 저녁상」이 ‘실상’과 전혀 관계없이 이 시편 역시 용의주도하게 존재 이전의 세계를 펼쳐 보인다. “나는 태어나지 않았다”의 자기고백은 예술적 상황의 한 단면을 암시하듯이 “개는 따라오지 않는다”도 예술적 상황을 창출한다. ‘가상’과 ‘실상’의 대비로서 ‘가상’을 강조하려는 것이 아니라 ‘가상’ 자체만으로 ‘부르똥’의 초현실의식을 성취하려는 것이다. 이때의 ‘개’는 어떤 의미에서는 ‘부르똥’이거나 시인 자신의 예술가적 형상이거나 그 누구도 아닌 아무도 아닐지도 모른다. 여기에서 이 시인은 존재 이전의 존재의 비밀을 수렴하고 ‘가상세계’에 있어서의 존재성을 통하여 ‘실상세계’의 진실을 규

명하고 있음에 다름 아닌 것이다.

4

그런대로 '달리'와 '부르똥'은 상상을 기대할 만한 꼬투리를 제시하여 무의식 세계로 들어가는 길목을 시사하고 있다. 그러나 「겨울 소나기」는 전혀 친절한 암시를 배제하고 단순히 오브제를 불공손하게 던지고 사라진다. 불연속적 심상의 진경이 전개되는 것이다.

젖무덤 사이로 허밍하며 간다
산고에 불만을 품은 들쥐의 송곳니가
뜯어 먹는 산정표지석
눈썹이 하얗게 그을린 이야기와
붉은 군자란
식당 계산대에 옮겨 심은 불경기

민소매 여자와 긴팔 남자
신용카드를 찍을 수 없어 고뇌하는
단말기 입술
출입문 손잡이에 걸린 발목

박하사탕 귀에 꽂은 분수와
비 맞는 외투의 심장
금간 발바닥의 퍼즐게임
빨강머리 앤
검은머리 순자
가늘고 착한 손가락
서랍장 곰팡이와 건조한 안경의 합석

누적된 캐릭터
생강나무 햇살의 두께만큼
나르는 직립 너덜겅.

– 「겨울 소나기」 전문

「겨울 소나기」는 철두철미하게 불연속적 심상에 의존하고 있다. 시적 방법론으로서의 불연속적 심상의 배면에는 또 단절의 미학이 도사리고 있다. 이를테면 초현실주의 기술의 한 방편으로서 언어와 언어의 폭력적 결합이나 이미지와 이미지의 폭력적 나열을 통해서 새로운 정서를 찾아가는 기법의 한 예가 아닐 수 없다. 일종의 '실상'의 오브제를 대책 없이 던져놓아 그 이질적 관계에서 빚어지는 이미지의 정서적 쾌감을 간과하지 못하는 것이다.

이 시편은 겨울 소나기라는 집약적이고 을씨년스런 분위기를 중심으로 상호소통 되지 않는 제재간의 폭력적 결합을 시도함으로써 새로운 정서를 찾아내는 하나의 시적 방법론에 기대고 있다.

'젖무덤'과 '들쥐 송곳니'의 결코 소통되지 않는 정서와 이미지, '붉은 군자란'과 '식당 계산대'가 만들어내는 이질적 정서에서 을씨년스러움이 배어나올법하다. 그러나 '민소매'와 '긴팔'이라든가 '신용카드'와 '단말기 입술'은 단절감이 희석되면서도 불연속의 심상을 만드는 관계에서 '겨울 소나기' 같이 다감하지 못한 이미지도 찾게 된다. 그러러면서도 '빨강머리 앤' 과 '검은머리 순자' 가 구조적 동질성과 정감적 이질성이 결합하여 어느 한순간 상이성이 소멸하는 신선함에 젖어든다.

①
콧등에 김이 피어오르는 강아지와
손가락이 얼어붙은 남자가
휑한 벤치에 앉아 졸고 있다

②
단풍 든 구름은
눈인사를 나누며 지나가고
절전모드로 돌려놓은 현관문을 해체한
걸음 빠른 여자는
그림자를 신고 지나간다

③
전화기를 손에든 여자가 카톡을
날리며 도로를 압축시킨다
진부한 언어를 꼬리에 매단
검은 고양이가
랩송을 하며 지나간다

④
과거를 소매치기 당한
남자가 주민등록번호를 하수구에
버리고 지나가자
엘이디불빛은 주운 생년월일을
갖은 양념으로 버무린다.

–「플라톤 학교」 전문

「겨울 소나기」가 폭력적 결합의 이미지를 통해서 계절감이 지닌 처연함을 연출했다면 「플라톤 학교」는 동일한 기법의 폭력성을 지녔으면서도 진지하고 다감한 정서로 다가온다.

전체 네 개 연으로 구분되는 언어군의 대체적 정서가 일률적이면서도 구성되는 풍경은 다양한 포즈로 구축된다.

가령 ①연에서 '강아지'와 '남자'가 묘한 대리를 이루면서 '졸고 있는' 모습은 동질적 정감에 닿아 있다. 어느 의미에서 평화롭고 다정한 앙상블을 이룬다. ②연의 경우는 '단풍든 구름'과 '걸음 빠른 여자'가 대칭이 되면서 특히 '그림자를 신는' 이미지는 시표현의 한 경지에 서 있다. '구름'과 '여자'가 '지나간다'는 풍경에서 서로의 화합과 평안을 자아낸다. ③연에서 '여자'와 '고양이'가 대비되어 지나간다. '지나간다'는 것은 만사형통의 해결을 암시하고 있으며 일체의 갈등이 개입될 수 없는 풍경으로 구축된다. 여기에서는 '압축'의 의미망이 분위기의 전달에 큰 역할을 하고 있다. 매우 주관적인 멘트가 되면서 객관적 상황을 설명하는데 기여도가 높다. ④연에서는 '남자'와 '엘이디불빛'이 대비되고 있다. '주민등록증'을 폐기하는 주체와 '주운 생년월일'을 '양념'하는 객체는 서로 소통되는 관계이면서 단절되는 관계로 드러난다. 궁극적으로 '남자'의 '주민등록증'이나 '생년월일'은 동질적 이미지의 범위에 닿아 있다. 그러나 그 사이에는 갈등과 투쟁이 없어서 온전하다. 그것은 '플라톤'과 '학교'가 분산하는 진정성에 닿아 있기 때문이다.

5

「매미」역시 '가상'과 '실상'이 연대한 계절적 인식을 환기시키고 있다.

①
김을 뿜어내며
팔십이 층 아파트가 익어간다
빗자루 끝에 묻은
제비갈매기 식욕은 유리창에 핀
젖꼭지를 따 먹는다
②
설익은 꽃잎을
자주색 호주머니에 따 담던
무료한 왜가리는 편의점에서
콜라 한 캔을 사들고
감자꽃 핀 언덕에 기대어 색소폰을 분다
음악에 맞춰 장바구니를 든 오후가
소방차를 타고 재래시장으로 가자
아가미로 담수를 토하는
숭어가 교각 위에서 자맥질을 한다
③
숙성되지 못한 어둠은
측백나무 숲으로 끼어들지 못하고
물을 보면 물장구를 친다

검정 묻은 소방호스는
타오르는 열기를 얼굴에 바른다
④
수족관 수입어종들의 입김에
녹아내리는 불기둥은
없는 어제를 족자에 각인한다
흔들리는 이어폰 줄 따라 영리한
장미가 핀다.

–「매미」 전문

분석의 편의상 네 개 연으로 나누어 보았을 때 ①연 역시 '가상'과 '실상'이 충돌함으로서 이미지의 특성을 드러낸다. 이를테면 '팔십이 층 아파트'는 '실상'이며 '빗자루 끝에 묻은 제비갈매기 식욕'은 '가상'일 수밖에 없다. 특히 '유리창에 핀 젖꼭지'는 더구나 '실상'으로 수용될 수 없다. 그러나 과감하게 '가상'을 빌미로 이를 차용함으로 '실상'에서는 도저히 불가능한 상황을 통해 '매미'에 연결된 계절적 이미지를 창출하고 있는 것이다. 이는 일찍이 '다다이즘'에서나 초현실주의자들에게서 만날 수 있었던 이미지일 뿐 아니라 선사상이나 무의미시의 원저에서나 읽을 수 있었던 표현이다.

②연의 첫 문장에서 장황한 대로 '가상'적 풍경이 그려지고 있다 이 문장의 주체로서의 '왜가리'는 '호주머니'와 '편의점'과 '콜라'와 폭력적으로 결합되고 있다. '왜가리'가 '실상'의 한 인간상에

비유되었다면 이는 실상의 묘사로 굳어지는 것이고 또 실제로 비유적 장치로서 인지해야만 한 시대의 양상을 증언하는 효과가 드러난다. ③연과 ④연 또한 시인의 시적 의도에 따라서 '가상'과 '실상'이 구분된다. 이 시인은 존재 이전의 메커니즘으로서 장자적 풍류를 즐기는 것이다.

벽을 타고 오르는 담쟁이넝쿨이
담갈색 버튼을 누를 때마다
선홍색 매화가 피어났다
남자는 상처투성이 오른쪽 엄지를
지문인식기에 올려놓았다
잉크 냄새에 포장되어있던
남자의 비밀이 고스란히 노출되고
열린 문으로 햇살이 먼저 들어왔다
토막 난 햇살을 주워
한 땀 한 땀 수기하는 소녀는
막노동에 시달린 땀 밴 과거를
아세톤에 풀어
허공으로 날려 보내자
건조한 대리석 계단이 숨 가쁘게
뛰어올랐다
바닷새가 창공으로 날아올랐다
벽화 속에서 졸던 나비가
엘리베이터를 밀어 올렸다
바람은 외로움을 선점하기 위하여
앞다투어 편승했다.

–「확대경」 전문

이원도 시인의 「확대경」은 사물을 확대시켜 크기

를 기대하는 것이 아니라 사물의 본질을 변화시켜 가치를 규정하는 목표점을 드러낸다. '담갈색 버튼' 이 만드는 '매화' 는 '실상' 으로서 잎이 트지만 '담갈색 버튼' 과 '매화' 가 이룩하는 조화는 언어가 이미지의 폭력적 결합으로 설명되지만 그보다는 존재 이전의 메커니즘으로서 설명이 가능하다 할 것이다. 결국 장주의 나비에서 착안되는 그 무한한 테크놀로지에서 해답을 찾을 수밖에 없는 것이다.「확대경」이 사물을 보다 다양하고 찬란하게 그리고 화려하게 변신시킴으로서 오는 보람과 의의에 깊은 감동을 갖게 되는 것이다. 그리고 '엄지' 와 '지문 인식기' 또는 '잉크 냄새' 와 '비밀' 의 관계 속에서 형용할 수 없는 수많은 새로운 이미지가 확대 재생산되어 나오는 것을 간과하지 못하게 된다. 이미지의 크기가 확대되는 것이 아니라 새로운 이미지의 비밀이 '확대' 되어 경이와 배설의 쾌감에 도달케 하고 있다.

그러나 '토막 난 햇살' 을 줍는 '소녀' 가 '과거' 를 '허송' 으로 사라지게 하는 것은 '막노동' 이 개입된 지극한 '실상' 이다.

그러면서도 두 개의 상황이 병치되어 나타나는 '계단' 과 '바닷새' 의 상승작용은 '가상' 과 '실상' 이 대비되어 나타난다. '계단' 은 주체가 될 수 없으나 '바닷새' 는 주체가 될 수 있는 갈림길에서 '실상' 과 '가상' 이 나눠진다. 결국 '가상' 으로 의미가 없거나 현실을 뛰어넘는데서 존재케 된다.

6

궁극적으로 장자는 하이데거가 적시하고 있는 존재의 문제를 이전과 이후로 대별하여 진리란 무엇인가에 천착하고 있음을 알 수 있다. 진리라고 하는 그 논리의 성분과 무게와 색깔이 관념에 따라 다르게 작용하는 것처럼 장자의 무한한 세계의 갈망은 철저히 배제된 관념세계에서만이 그 깊이를 가진다. 그와 같이 이 시인이 추구하는 시의 원리 또한 무한한 상상력에 의거하여 자기 세계의 비밀을 쌓아올리는 것을 볼 수 있다.

이 시인은 '존재 이전' 을 '가상' 세계로 꾸미고 '존재 이후' 를 '실상' 으로 장식하여 식상한 실상을 토대로 비밀스런 '가상세계' 를 획책하고 있는 것이다. 이른바 역사적 진실은 외면하고 상상력에 의한 진실을 시적 방법론으로 제시하는 것을 볼 수 있다. 이 시집의 서문에서 고백하고 있는 선언만 보더라도 "나는 태어나지 않았다"는 데서 시작하는 시적 원리를 토대로 '존재 이전' 의 질료로서 '존재 이후' 의 미학을 성취하려는 의도가 드러나는 것이다. 그러한 원리에서 「불꽃축제」와 「모래인형」은 서로 대비된 상태에서 가상과 실상을 도모하고 있는 것이다. 말하자면 「불꽃 축제」는 ‘실상’으로서 ‘가상’을 추구하는 한 모티브에 닿아 있다. 그러나 「모래인형」은 ‘가상’으로서 ‘실상’을 찾고자 하는 노력점에서 필자의 태어나지 않음과 태어남의 함수관계를 드러내 보인다. 그의 세계는 어느 것도 아니면서 전부를 포용하는 것이다. 「달리의 저녁상」과 「계단을 올라가는 부르똥」의 경우도 마찬가지다. 일차적으로 독자는 초현실주의 화가인 달리와 초현실주의 이론가인 부르똥을 생각해야 한다. 이원도 시인이 추구하는 시의 원리가 이 두 초현실주의자의 논리에 기대하고 있다는 생각에 이르면 그 해답은 간단명료하다 할 것이다. 아울러 「겨울 소나기」와 「플라톤 학교」에 상도할 때 방법론상의 무의식의 문제와 더불어 강렬한 지적 욕구에 관심을 가해야 한다.

마지막으로 「매미」와 「확대경」에 이르러서도 결국 시는 ‘가상’과 ‘실상’의 갈림길에서 더 진지한 논리와 방법을 찾아가는 접점임을 시인은 웅변하고 있다. 역사는 역사대로 진실한 입구이며 출구인 것처럼 상상력이 만들어내는 그 무한대의 볼륨이 얼마나 위대한 것인가를 보여주려 하는 욕구로 가득차 있음을 느끼게 된다. 그리고 존재 이후보다 존재 이전의 매력에 매료되어 있음을 이 시집을 다 읽은 뒤에 알게 된다.

왼손의 엽방

시와사상 시인선 26

찍은날 | 2016년 11월 24일
펴낸날 | 2016년 11월 28일

지은이 | 이원도
발행인 | 김경수
펴낸곳 | 시와사상사
부산광역시 금정구 부곡동 325-36번지
전화 : 051-512-4142
팩스 : 051-581-4143
E-mail : sisasang94@naver.com
http://www.sisasang.co.kr

등록번호 | 제05-11-7호
등록일자 | 2005년 7월 18일

인쇄처 | 도서출판 세리윤

값 9,000원

ISBN 978-89-94203-19-5 04810
978-89-958264-1-6(세트)

• 본 도서는 2016년 부산문화재단 지역문화예술육성지원사업의 일부지원으로 시행됩니다
• 이 도서의 국립중앙도서관 출판예정도서목록(CIP)은 서지정보유통지원시스템 홈페이지(http://seoji.nl.go.kr)와 국가자료공동목록시스템(http://www.nl.go.kr/kolisnet)에서 이용하실 수 있습니다. (CIP제어번호 : CIP2016028418)
• 잘못된 책은 바꾸어 드립니다.
• 지은이와 협의에 의해 인지는 생략합니다.